한글 사경본

大念處經

대념처경

정관 스님 옮김

조계종 출판사

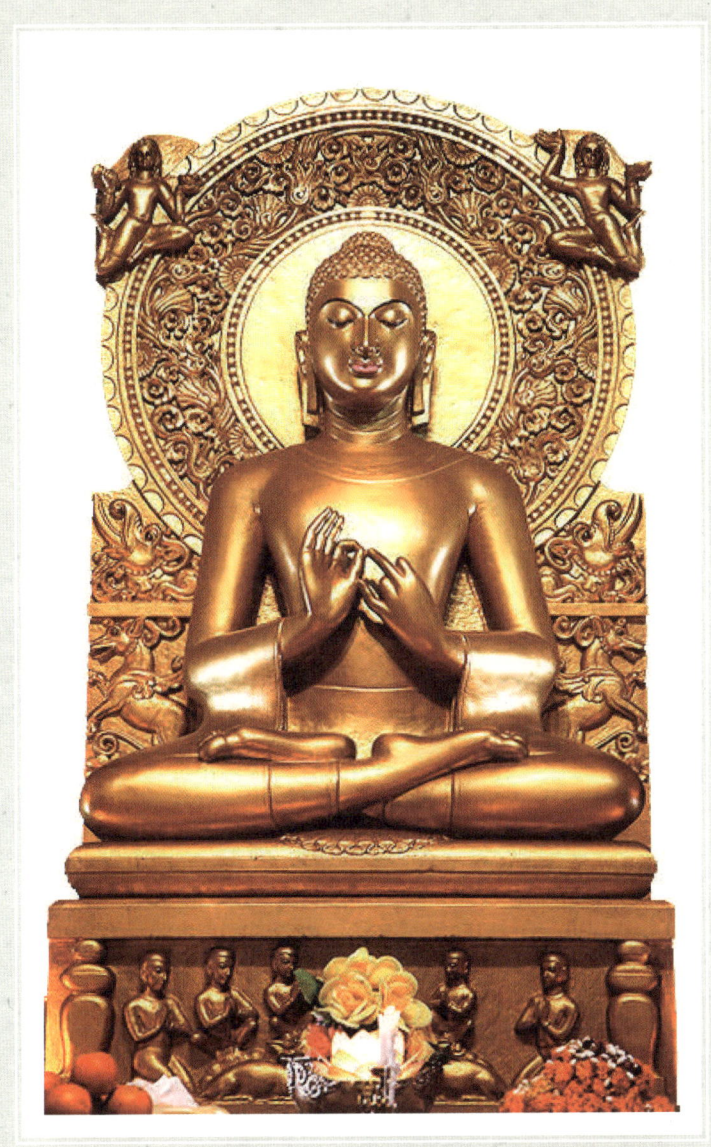

초전법륜상 사르나트(녹야원)

일러두기

이 경전은 빠알리 경장 Dīgha Nikāya(The Long Discourses of the Buddha)의 22번째 경전인 Mahāsatipatthāna Sutta(The Greater Discourse on the Foundations of Mindfulness)를 한국어로 번역하여 사경용으로 재정리 한 것입니다.
이 인연공덕으로 모든 이들이 원한과 고통에서 벗어나 열반을 성취하기를 발원합니다.

NAMO TASSA 나 모 땃 사	존귀한 분
BHAGAVATO 바 가 와 또	공양받을 만한 분
ARAHATO 아 라 하 또	완전한 깨달음을
SAMMA 삼 마	스스로 이루신
SAMBUDDHASSA 삼 붓 다 사	부처님께 귀의합니다.

발원문

사경 시작일 :   년   월   일

_____ 합장

개경게
開經偈

무상심심미묘법
無上甚深微妙法

백천만겁난조우
百千萬劫難遭遇

아금문견득수지
我今聞見得受持

원해여래진실의
願解如來眞實意

개법장진언
開法藏眞言

옴 아라남 아라다
옴 아라남 아라다
옴 아라남 아라다

대념처경
大念處經

이와 같이 나는 들었다.

어느 때 부처님께서는 깜마사담마라

고 하는 꾸루족의 마을에 머무르셨다.

그때, 부처님께서는 비구들에게 『비

구들이여!』라고 부르셨다. 비구들은

『부처님이시여!』라고 대답했다. 그러자

부처님께서는 다음과 같이 말씀하셨다.

비구들이여, 이것은 모든 중생들의

청정을 위한, 슬픔과 비탄을 극복하기

위한, 괴로움과 싫어하는 마음을 없

애기 위한, 올바른 길에 이르기 위한,

열반을 깨닫기 위한 〈유일한 길〉이다.

바로 그것은 네 가지의 마음챙김이다.

네 가지란 무엇인가?

비구들이여, 여기 어떤 비구가 몸에

서 몸을 관찰하면서 열심히 분명한

앎을 지니고, 마음챙김하면서 세간에

대한 욕망과 싫어하는 마음을 제어하

면서 지낸다.

또 그는 느낌에서 느낌을 관찰하면서

열심히 분명한 앎을 지니고, 마음챙

김하면서 세간에 대한 욕망과 싫어하

는 마음을 제어하면서 지낸다.

또 그는 마음에서 마음을 관찰하면서

열심히 분명한 앎을 지니고, 마음챙

김하면서 세간에 대한 욕망과 싫어하

는 마음을 제어하면서 지낸다.

또 그는 법에서 법을 관찰하면서 열

심히 분명한 앎을 지니고, 마음챙김

하면서 세간에 대한 욕망과 싫어하는

마음을 제어하면서 지낸다.

대념처경 大念處經

몸에 대한 관찰

— 호흡에 대한 관찰 —

비구들이여, 그러면 어떻게 비구가 몸

에서 몸을 관찰하는 수행을 하면서

지내는가?

비구들이여, 여기 어떤 비구가 숲속

에 가거나, 나무 아래에 가거나, 빈방

에 가서 다리는 가부좌를 틀고 상체

를 바로 세우고 전면에 마음챙김을 단

단히 하여 앉는다. 그리고는 마음을

챙겨서 숨을 들이쉬고 마음을 챙겨서

숨을 내쉰다.

숨을 길게 들이쉬면서는 「숨을 길게

들이쉰다」라고 알아차리고, 숨을 길

게 내쉬면서는 「숨을 길게 내쉰다」라

고 알아차린다. 숨을 짧게 들이쉬면

서는 「숨을 짧게 들이쉰다」라고 알아

차리고, 숨을 짧게 내쉬면서는 「숨을

짧게 내쉰다」라고 알아차린다.

「호흡의 전 과정을 알아차리면서 숨

을 들이쉬리라」라고 마음을 다지면서

수행하며 「호흡의 전 과정을 알아차리

면서 숨을 내쉬리라」라고 마음을 다

지면서 수행한다. 또한 「호흡의 전 과

정을 고요히 하면서 숨을 들이쉬리

라」라고 마음을 다지면서 수행하며

「호흡의 전 과정을 고요히 하면서 숨

을 내쉬리라」라고 마음을 다지면서

수행한다.

마치 도자기 만드는 장인이나 그의 제

자가 원반을 돌릴 때, 오랫동안 돌리면서는 「오랫동안 돌린다」라고 알아차리며, 짧게 돌리면서는 「짧게 돌린다」라고 알아차리듯이.

이와 같이 비구들이여, 숨을 길게 들이쉬면서는 「숨을 길게 들이쉰다」라고 알아차리고, 숨을 길게 내쉬면서는 「숨을 길게 내쉰다」라고 알아차린다. 숨을 짧게 들이쉬면서는 「숨을 짧게 들이쉰다」라고 알아차리고, 숨을 짧게 내쉬면서는 「숨을 짧게 내쉰다」라고 알아차린다. 그리고 「호흡의 전 과정을 알아차리면서 숨을 들이쉬리라」라고 마음을 다지면서 수행하며, 「호흡의 전 과정을 알아차리면서 숨을 내쉬리라」라고 마음을 다지면서 수행한다.

「호흡의 전 과정을 고요히 하면서 숨을 들이쉬리라」라고 마음을 다지면서 수행하며, 「호흡의 전 과정을 고요히 하면서 숨을 내쉬리라」라고 마음을 다지면서 수행한다.

이와 같이 혹은 안으로 몸에서 몸을 관찰하면서 지내고, 혹은 밖으로 몸

에서 몸을 관찰하면서 지내며, 혹은

때로는 안으로 때로는 밖으로 몸에서

몸을 관찰하면서 지낸다.

혹은 몸에서 일어나는 현상을 관찰하

면서 지내고, 혹은 몸에서 사라지는

현상을 관찰하면서 지내며, 혹은 몸

에서 때로는 일어나는 현상을 때로는

사라지는 현상을 관찰하면서 지낸다.

그리하여 마음챙김과 지혜가 현전함에 따라 「이것이 몸이다」라는 마음챙김이 분명하게 확립된다. 따라서 그는 어떠한 세간적인 것에 대해서도 집착하지 않으며 초연하게 지낸다.

비구들이여, 이와 같이 비구는 몸에서 몸을 관찰하면서 지낸다.

― 네 가지 자세에 대한 관찰 ―

또한 비구들이여, 걸어갈 때는 「걸어간다」라고 알아차리고, 서 있을때는 「서 있다」라고 알아차리며, 앉아있을 때는 「앉아있다」라고 알아차리고, 누워있을 때는 「누워있다」라고 알아차린다. 이와 같이 어떠한 상태로든 몸이 놓여 있는 그대로를 알아차린다.

이와 같이 혹은 안으로 몸에서 몸을 관찰하면서 지내고 혹은 밖으로 몸에서 몸을 관찰하면서 지내며, 혹은 때로는 안으로 때로는 밖으로 몸에서 몸을 관찰하면서 지낸다.

혹은 몸에서 일어나는 현상을 관찰하면서 지내고, 혹은 몸에서 사라지는

현상을 관찰하면서 지내며, 혹은 몸

에서 때로는 일어나는 현상을 때로는

사라지는 현상을 관찰하면서 지낸다.

그리하여 마음챙김과 지혜가 현전함

에 따라 「이것이 몸이다」라는 마음챙

김이 분명하게 확립된다. 따라서 그

는 어떠한 세간적인 것에 대해서도 집

착하지 않으며 초연하게 지낸다.

비구들이여, 이와 같이 비구는 몸에서 몸을 관찰하면서 지낸다.

— 분명한 앎 —

또한 비구들이여, 앞으로 나아 갈 때나 뒤로 돌아갈 때도 분명한 앎을 지니며, 앞을 볼 때나 주위를 볼 때도

분명한 앎을 지니며, 구부리거나 펼

때도 분명한 앎을 지니며, 가사를 입

거나 발우를 들 때도 분명한 앎을 지

니며, 먹고 마시고 씹고 맛볼 때도 분

명한 앎을 지니며, 대소변을 볼 때도

분명한 앎을 지니며, 가고 서고 앉을

때도, 잠자리에 들고 잠에서 깨어날

때도, 말하거나 침묵하고 있을 때도

분명한 앎을 지닌다.

이와 같이 혹은 안으로 몸에서 몸을 관찰하면서 지내고 혹은 밖으로 몸에서 몸을 관찰하면서 지내며, 혹은 때로는 안으로 때로는 밖으로 몸에서 몸을 관찰하면서 지낸다.

혹은 몸에서 일어나는 현상을 관찰하면서 지내고, 혹은 몸에서 사라지는

현상을 관찰하면서 지내며, 혹은 몸에서 때로는 일어나는 현상을 때로는 사라지는 현상을 관찰하면서 지낸다.

그리하여 마음챙김과 지혜가 현전함에 따라 「이것이 몸이다」라는 마음챙김이 분명하게 확립된다. 따라서 그는 어떠한 세간적인 것에 대해서도 집착하지 않으며 초연하게 지낸다.

비구들이여, 이와 같이 비구는 몸에서 몸을 관찰하면서 지낸다.

− 부정한 몸에 대한 관찰 −

또한 비구들이여, 이 몸을 위로는 머리끝에서 아래로는 발바닥까지 피부로 덮여져 있으며 여러 가지 깨끗하

지 못한 물질로 가득 차 있음을 반조

한다. 즉 「이 몸에는 머리털, 몸털, 손

발톱, 이, 피부, 살, 힘줄, 뼈, 골수,

신장, 심장, 간, 늑막, 지라, 허파, 장,

장간막, 위, 대변, 담즙, 가래, 고름,

피, 땀, 지방, 눈물, 피지, 침, 콧물,

관절액, 소변 등이 있다」라고.

마치 양쪽에 구멍이 있는 자루에 벼,

보리, 녹두, 콩, 참깨, 쌀 등의 여러

가지 곡식이 들어있는 것을 눈 밝은

이가 이를 열어보고 「이것은 벼, 이것

은 보리, 이것은 녹두, 이것은 콩, 이

것은 참깨, 이것은 쌀이다」라고 알아

차리는 것과 같이 비구들이여, 이 몸

을 위로는 머리끝에서 아래로는 발

바닥까지 피부로 덮여져 있으며 여러

가지 깨끗하지 못한 물질로 가득 차

있음을 반조한다. 즉 「이 몸에는 머리

털, 몸털, 손발톱, 이, 피부, 살, 힘

줄, 뼈, 골수, 신장, 심장, 간, 늑막,

지라, 허파, 장, 장간막, 위, 대변,

담즙, 가래, 고름, 피, 땀, 지방, 눈물,

피지, 침, 콧물, 관절액, 소변 등이

있다」라고.

이와 같이 혹은 안으로 몸에서 몸을

관찰하면서 지내고 혹은 밖으로 몸에

서 몸을 관찰하면서 지내며, 혹은 때

로는 안으로 때로는 밖으로 몸에서

몸을 관찰하면서 지낸다.

혹은 몸에서 일어나는 현상을 관찰하

면서 지내고, 혹은 몸에서 사라지는

현상을 관찰하면서 지내며, 혹은 몸

에서 때로는 일어나는 현상을 때로는 사라지는 현상을 관찰하면서 지낸다. 그리하여 마음챙김과 지혜가 현전함에 따라 「이것이 몸이다」라는 마음챙김이 분명하게 확립된다. 따라서 그는 어떠한 세간적인 것에 대해서도 집착하지 않으며 초연하게 지낸다.

비구들이여, 이와 같이 비구는 몸에

서 몸을 관찰하면서 지낸다.

— 네 가지 요소에 대한 관찰 —

또한 비구들이여, 이 몸을 있는 그대로 구성되어진 그대로 요소별로 고찰한다. 즉 「이 몸에는 땅의 요소, 물의 요소, 불의 요소, 바람의 요소가 있다」라고.

마치 숙련된 백정이나 그의 제자가 소를 도살해서 큰길 네거리에서 부위별로 해체해 놓고 앉아있는 것과 같이, 비구는 이 몸을 있는 그대로 구성되어진 그대로 요소별로 고찰한다.

즉「이 몸에는 땅의 요소, 물의 요소, 불의 요소, 바람의 요소가 있다」

라고.

이와 같이 혹은 안으로 몸에서 몸을 관찰하면서 지내고 혹은 밖으로 몸에서 몸을 관찰하면서 지내며, 혹은 때로는 안으로 때로는 밖으로 몸에서 몸을 관찰하면서 지낸다.

혹은 몸에서 일어나는 현상을 관찰하면서 지내고, 혹은 몸에서 사라지는

현상을 관찰하면서 지내며, 혹은 몸
에서 때로는 일어나는 현상을 때로는
사라지는 현상을 관찰하면서 지낸다.
그리하여 마음챙김과 지혜가 현전함
에 따라 「이것이 몸이다」라는 마음챙
김이 분명하게 확립된다. 따라서 그
는 어떠한 세간적인 것에 대해서도 집
착하지 않으며 초연하게 지낸다.

비구들이여, 이와 같이 비구는 몸에

서 몸을 관찰하면서 지낸다.

— 아홉 가지 묘지에서의 관찰 —

또한 비구들이여, ① 마치 묘지에 버

려진 시체가 죽은 후 하루 이틀 또는

사흘이 지나서 부풀고 검푸르고 썩어

가는 것을 보고 이 몸을 관찰하여

「이 몸도 또한 이와 같은 현상에 의해

이와 같이 되어서 그것을 벗어나지

못하리라」라고 반조 해 본다. 이와 같

이 혹은 안으로 몸에서 몸을 관찰하

면서 지내고, 혹은 밖으로 몸에서 몸

을 관찰하면서 지내며, 혹은 때로는

안으로 때로는 밖으로 몸에서 몸을

관찰하면서 지낸다.

혹은 몸에서 일어나는 현상을 관찰하면서 지내고, 혹은 몸에서 사라지는 현상을 관찰하면서 지내며, 혹은 몸에서 때로는 일어나는 현상을 때로는 사라지는 현상을 관찰하면서 지낸다.

그리하여 마음챙김과 지혜가 현전함에 따라 「이것이 몸이다」라는 마음챙

김이 분명하게 확립된다. 따라서 그

는 어떠한 세간적인 것에 대해서도 집

착하지 않으며 초연하게 지낸다.

비구들이여, 이와 같이 비구는 몸에

서 몸을 관찰하면서 지낸다.

또한 비구들이여, ② 마치 묘지에 버

려진 시체가 까마귀, 매, 독수리, 개,

표범, 호랑이, 자칼 등에 의해 먹혀지

고, 갖가지 벌레에 의해서 파 먹히는 것을 보고 이 몸을 관찰하여 「이 몸도 또한 이와 같은 현상에 의해 이와 같이 되어서 그것을 벗어나지 못하리라」라고 반조 해 본다. 이와 같이 혹은 안으로 몸에서 몸을 관찰하면서 지내고, 혹은 밖으로 몸에서 몸을 관찰하면서 지내며, 혹은 때로는 안으

로 때로는 밖으로 몸에서 몸을 관찰

하면서 지낸다.

혹은 몸에서 일어나는 현상을 관찰하

면서 지내고, 혹은 몸에서 사라지는

현상을 관찰하면서 지내며, 혹은 몸

에서 때로는 일어나는 현상을 때로는

사라지는 현상을 관찰하면서 지낸다.

그리하여 마음챙김과 지혜가 현전함

에 따라 「이것이 몸이다」라는 마음챙

김이 분명하게 확립된다. 따라서 그

는 어떠한 세간적인 것에 대해서도 집

착하지 않으며 초연하게 지낸다.

비구들이여, 이와 같이 비구는 몸에

서 몸을 관찰하면서 지낸다.

또한 비구들이여, ③ 마치 묘지에 버

려진 시체에 힘줄은 남아있고 살점은

붙어있는 채로 해골로 변해있는 것을 보고 이 몸을 관찰하여 「이 몸도 또한 이와 같은 현상에 의해 이와 같이 되어서 그것을 벗어나지 못하리라」라고 반조 해 본다. 이와 같이 혹은 안으로 몸에서 몸을 관찰하면서 지내고, 혹은 밖으로 몸에서 몸을 관찰하면서 지내며, 혹은 때로는 안으로 때

로는 밖으로 몸에서 몸을 관찰하면서

지낸다.

혹은 몸에서 일어나는 현상을 관찰하

면서 지내고, 혹은 몸에서 사라지는

현상을 관찰하면서 지내며, 혹은 몸

에서 때로는 일어나는 현상을 때로는

사라지는 현상을 관찰하면서 지낸다.

그리하여 마음챙김과 지혜가 현전함

에 따라 「이것이 몸이다」라는 마음챙

김이 분명하게 확립된다. 따라서 그

는 어떠한 세간적인 것에 대해서도 집

착하지 않으며 초연하게 지낸다.

비구들이여, 이와 같이 비구는 몸에

서 몸을 관찰하면서 지낸다.

④ 혹은 힘줄은 남아있고 살점은 없

이 핏자국만 얼룩진 채로 해골로 변해

있는 것을 보고 이 몸을 관찰하여

「이 몸도 또한 이와 같은 현상에 의해

이와 같이 되어서 그것을 벗어나지

못하리라」라고 반조 해 본다. 이와 같

이 혹은 안으로 몸에서 몸을 관찰하

면서 지내고, 혹은 밖으로 몸에서 몸

을 관찰하면서 지내며, 혹은 때로는

안으로 때로는 밖으로 몸에서 몸을

관찰하면서 지낸다.

혹은 몸에서 일어나는 현상을 관찰하면서 지내고, 혹은 몸에서 사라지는 현상을 관찰하면서 지내며, 혹은 몸에서 때로는 일어나는 현상을 때로는 사라지는 현상을 관찰하면서 지낸다.

그리하여 마음챙김과 지혜가 현전함에 따라 「이것이 몸이다」라는 마음챙김이 분명하게 확립된다. 따라서 그는 어떠한 세간적인 것에 대해서도 집착하지 않으며 초연하게 지낸다.

비구들이여, 이와 같이 비구는 몸에서 몸을 관찰하면서 지낸다.

⑤ 혹은 힘줄만 남아있고 살점이나 핏기가 없는 채로 해골로 변해있는 것을 보고 이 몸을 관찰하여 「이 몸도

또한 이와 같은 현상에 의해 이와 같이 되어서 그것을 벗어나지 못하리라」라고 반조 해 본다. 이와 같이 혹은 안으로 몸에서 몸을 관찰하면서 지내고, 혹은 밖으로 몸에서 몸을 관찰하면서 지내며, 혹은 때로는 안으로 때로는 밖으로 몸에서 몸을 관찰하면서 지낸다.

혹은 몸에서 일어나는 현상을 관찰하

면서 지내고, 혹은 몸에서 사라지는

현상을 관찰하면서 지내며, 혹은 몸

에서 때로는 일어나는 현상을 때로는

사라지는 현상을 관찰하면서 지낸다.

그리하여 마음챙김과 지혜가 현전함

에 따라 「이것이 몸이다」라는 마음챙

김이 분명하게 확립된다. 따라서 그

는 어떠한 세간적인 것에 대해서도 집

착하지 않으며 초연하게 지낸다.

비구들이여, 이와 같이 비구는 몸에

서 몸을 관찰하면서 지낸다.

⑥ 혹은 마치 묘지에 버려진 시체의

뼈가 사방으로 흩어져있어, 여기에는

손뼈, 저기에는 발뼈, 정강이뼈, 넓적

다리뼈, 골반뼈, 등뼈, 두개골 등으로

흩어져있는 것을 보고 이 몸을 관찰하여 「이 몸도 또한 이와 같은 현상에 의해 이와 같이 되어서 그것을 벗어나지 못하리라」라고 반조 해 본다. 이와 같이 혹은 안으로 몸에서 몸을 관찰하면서 지내고, 혹은 밖으로 몸에서 몸을 관찰하면서 지내며, 혹은 때로는 안으로 때로는 밖으로 몸에서 몸을 관찰하면서 지낸다.

혹은 몸에서 일어나는 현상을 관찰하

면서 지내고, 혹은 몸에서 사라지는

현상을 관찰하면서 지내며, 혹은 몸

에서 때로는 일어나는 현상을 때로는

사라지는 현상을 관찰하면서 지낸다.

그리하여 마음챙김과 지혜가 현전함

에 따라 「이것이 몸이다」라는 마음챙

김이 분명하게 확립된다. 따라서 그

는 어떠한 세간적인 것에 대해서도 집

착하지 않으며 초연하게 지낸다.

비구들이여, 이와 같이 비구는 몸에

서 몸을 관찰하면서 지낸다.

또한 비구들이여, ⑦ 마치 묘지에 버

려진 시체의 뼈가 조개껍질의 색깔처

럼 하얗게 변해있는 것을 보고 이 몸

을 관찰하여 「이 몸도 또한 이와 같은

현상에 의해 이와 같이 되어서 그것

을 벗어나지 못하리라」라고 반조 해

본다. 이와 같이 혹은 안으로 몸에서

몸을 관찰하면서 지내고, 혹은 밖으

로 몸에서 몸을 관찰하면서 지내며,

혹은 때로는 안으로 때로는 밖으로

몸에서 몸을 관찰하면서 지낸다.

혹은 몸에서 일어나는 현상을 관찰하면서 지내고, 혹은 몸에서 사라지는 현상을 관찰하면서 지내며, 혹은 몸에서 때로는 일어나는 현상을 때로는 사라지는 현상을 관찰하면서 지낸다.

그리하여 마음챙김과 지혜가 현전함에 따라 「이것이 몸이다」라는 마음챙김이 분명하게 확립된다. 따라서 그

는 어떠한 세간적인 것에 대해서도 집

착하지 않으며 초연하게 지낸다.

비구들이여, 이와 같이 비구는 몸에

서 몸을 관찰하면서 지낸다.

⑧ 혹은 백골이 되어 단지 뼈 무더기

가 되어있는 것을 보고 이 몸을 관찰

하여「이 몸도 또한 이와 같은 현상에

의해 이와 같이 되어서 그것을 벗어나

지 못하리라」라고 반조해 본다. 이와

같이 혹은 안으로 몸에서 몸을 관찰

하면서 지내고, 혹은 밖으로 몸에서

몸을 관찰하면서 지내며, 혹은 때로

는 안으로 때로는 밖으로 몸에서 몸

을 관찰하면서 지낸다.

혹은 몸에서 일어나는 현상을 관찰하

면서 지내고, 혹은 몸에서 사라지는

현상을 관찰하면서 지내며, 혹은 몸

에서 때로는 일어나는 현상을 때로는

사라지는 현상을 관찰하면서 지낸다.

그리하여 마음챙김과 지혜가 현전함

에 따라 「이것이 몸이다」라는 마음챙

김이 분명하게 확립된다. 따라서 그

는 어떠한 세간적인 것에 대해서도 집

착하지 않으며 초연하게 지낸다.

비구들이여, 이와 같이 비구는 몸에서 몸을 관찰하면서 지낸다.

⑨ 혹은 그 백골이 해를 더해가며 삭아서 가루가 되어있는 것을 보고 이 몸을 관찰하여 「이 몸도 또한 이와 같은 현상에 의해 이와 같이 되어서 그것을 벗어나지 못하리라」라고 반조해 본다.

이와 같이 혹은 안으로 몸에서 몸을 관찰하면서 지내고, 혹은 밖으로 몸에서 몸을 관찰하면서 지내며, 혹은 때로는 안으로 때로는 밖으로 몸에서 몸을 관찰하면서 지낸다. 혹은 몸에서 일어나는 현상을 관찰하면서 지내고, 혹은 몸에서 사라지는 현상을 관찰하면서 지내며, 혹은 몸에서 때로

는 일어나는 현상을 때로는 사라지는

현상을 관찰하면서 지낸다. 그리하여

마음챙김과 지혜가 현전함에 따라

「이것이 몸이다」라는 마음챙김이 분

명하게 확립된다. 따라서 그는 어떠

한 세간적인 것에 대해서도 집착하지

않으며 초연하게 지낸다.

비구들이여, 이와 같이 비구는 몸에

서 몸을 관찰하면서 지낸다.

대념처경 大念處經

느낌에 대한 관찰

비구들이여, 그러면 어떻게 비구가

느낌에서 느낌을 관찰하는 수행을 하

면서 지내는가?

비구들이여, 여기에 어떤 비구가 즐

거운 느낌을 느끼면서 「즐거운 느낌을

느낀다」라고 알아차리고, 괴로운 느낌을 느끼면서 「괴로운 느낌을 느낀다」라고 알아차리고, 괴롭지도 즐겁지도 않은 느낌을 느끼면서 「괴롭지도 즐겁지도 않은 느낌을 느낀다」라고 알아차린다.

혹은 세간적인 즐거운 느낌을 느끼면서 「세간적인 즐거운 느낌을 느낀다」

라고 알아차리고, 출세간적인 즐거운

느낌을 느끼면서 「출세간적인 즐거운

느낌을 느낀다」라고 알아차린다.

혹은 세간적인 괴로운 느낌을 느끼면

서 「세간적인 괴로운 느낌을 느낀다」

라고 알아차리고, 출세간적인 괴로운

느낌을 느끼면서 「출세간적인 괴로운

느낌을 느낀다」라고 알아차린다.

혹은 세간적인 괴롭지도 즐겁지도 않

은 느낌을 느끼면서 「세간적인 괴롭

지도 즐겁지도 않은 느낌을 느낀다」

라고 알아차리고, 출세간적인 괴롭지

도 즐겁지도 않은 느낌을 느끼면서

「출세간적인 괴롭지도 즐겁지도 않은

느낌을 느낀다」라고 알아차린다.

이와 같이 혹은 안으로 느낌에서 느

낌을 관찰하면서 지내고, 혹은 밖으

로 느낌에서 느낌을 관찰하면서 지내

며, 혹은 때로는 안으로 때로는 밖으

로 느낌에서 느낌을 관찰하면서 지낸

다. 혹은 느낌에서 일어나는 현상을

관찰하면서 지내고, 혹은 느낌에서

사라지는 현상을 관찰하면서 지내며,

혹은 느낌에서 때로는 일어나는 현상

을 때로는 사라지는 현상을 관찰하면

서 지낸다.

그리하여 마음챙김과 지혜가 현전함

에 따라 「이것이 느낌이다」라는 마음

챙김이 분명하게 확립된다.

따라서 그는 어떠한 세간적인 것에

대해서도 집착하지 않으며 초연하게

지낸다.

비구들이여, 이와 같이 비구는 느낌

에서 느낌을 관찰하면서 지낸다.

한글 사경본

마음에 대한 관찰

비구들이여, 그러면 어떻게 비구가

마음에서 마음을 관찰하는 수행을

하면서 지내는가?

비구들이여, 여기에 어떤 비구가 탐

욕이 있는 마음을 「탐욕이 있는 마

음」이라고 알아차리며, 탐욕이 없는 마음을 「탐욕이 없는 마음」이라고 알아차린다. 혹 성냄이 있는 마음을 「성냄이 있는 마음」이라고 알아차리며, 성냄이 없는 마음을 「성냄이 없는 마음」이라고 알아차린다. 혹 어리석음이 있는 마음을 「어리석음이 있는 마음」이라고 알아차리며, 어리석음이 없는 마음을 「어리석음이 없는 마음」

이라고 알아차린다.

혹 무기력한 마음을 「무기력한 마음」

이라고 알아차리고, 산란한 마음을

「산란한 마음」이라고 알아차리고, 혹

고귀한 마음을 「고귀한 마음」이라고

알아차리며, 고귀하지 않은 마음을

「고귀하지 않은 마음」이라고 알아차

린다. 혹 위가 남아있는 마음을 「위

가 남아있는 마음」이라고 알아차리

며, 더 이상 위가 없는 마음을 「더 이

상 위가 없는 마음」이라고 알아차린

다. 혹 집중된 마음을 「집중된 마음」

이라고 알아차리며, 집중이 안 된 마

음을 「집중이 안 된 마음」이라고 알

아차린다. 혹 해탈한 마음을 「해탈한

마음」이라고 알아차리며, 해탈하지

않은 마음을 「해탈하지 않은 마음」

이라고 알아차린다.

이와 같이 혹은 안으로 마음에서 마

음을 관찰하면서 지내고, 혹은 밖으

로 마음에서 마음을 관찰하면서 지내

며, 혹은 때로는 안으로 때로는 밖으

로 마음에서 마음을 관찰하면서 지낸

다. 혹은 마음에서 일어나는 현상을

관찰하면서 지내고, 혹은 마음에서

사라지는 현상을 관찰하면서 지내며,

혹은 마음에서 때로는 일어나는 현상

을 때로는 사라지는 현상을 관찰하면

서 지낸다.

그리하여 마음챙김과 지혜가 현전함

에 따라 「이것이 마음이다」라는 마음

챙김이 분명하게 확립된다. 따라서

그는 어떠한 세간적인 것에 대해서도

집착하지 않으며 초연하게 지낸다.

비구들이여, 이와 같이 비구는 마음

에서 마음을 관찰하면서 지낸다.

법에 대한 관찰

— 다섯 가지 장애에 대한 관찰 —

비구들이여, 그러면 어떻게 비구가

법에서 법을 관찰하는 수행을 하면서

지내는가?

비구들이여, 여기에 어떤 비구가 다

섯 가지 장애라는 법에서 법을 관찰하면서 지낸다. 그러면 어떻게 다섯 가지 장애라는 법에서 법을 관찰하면서 지내는가?

비구들이여, ① 안으로 감각적 욕망이 있으면 「내 안에 감각적 욕망이 있다」라고 알아차리고, 안으로 감각적 욕망이 없으면 「내 안에 감각적 욕망이 없다」라고 알아차린다. 그리고 아직 일어나지 않은 감각적 욕망이 어떻게 일어나는지 알아차리고, 이미 일어난 감각적 욕망을 어떻게 소멸시키는지 알아차리며, 또 이미 소멸된 감각적 욕망이 이후로 어떻게 하면 일어나지 않는지를 알아차린다.

② 혹은 안으로 악의가 있으면 「내 안

에 악의가 있다」라고 알아차리고, 안으로 악의가 없으면 「내 안에 악의가 없다」라고 알아차린다. 그리고 아직 일어나지 않은 악의가 어떻게 일어나는지 알아차리고 이미 일어난 악의를 어떻게 소멸시키는지 알아차리며, 또 이미 소멸된 악의가 이후로 어떻게 하면 일어나지 않는지를 알아차린다.

③ 혹은 안으로 게으름과 나태가 있

으면 「내 안에 게으름과 나태가 있다」

라고 알아차리고, 안으로 게으름과

나태가 없으면 「내 안에 게으름과 나

태가 없다」라고 알아차린다. 그리고

아직 일어나지 않은 게으름과 나태가

어떻게 일어나는지 알아차리고 이미

일어난 게으름과 나태를 어떻게 소멸

시키는지 알아차리며, 또 이미 소멸된 게으름과 나태가 이후로 어떻게 하면 일어나지 않는지를 알아차린다.

④ 혹은 안으로 들뜸과 후회가 있으면 「내 안에 들뜸과 후회가 있다」라고 알아차리고, 안으로 들뜸과 후회가 없으면 「내 안에 들뜸과 후회가 없다」라고 알아차린다. 그리고 아직

일어나지 않은 들뜸과 후회가 어떻게 일어나는지 알아차리고 이미 일어난 들뜸과 후회를 어떻게 소멸시키는지 알아차리며, 또 이미 소멸된 들뜸과 후회가 이후로 어떻게 하면 일어나지 않는지를 알아차린다.

⑤ 혹은 안으로 의심이 있으면 「내 안에 의심이 있다」라고 알아차리고, 안

으로 의심이 없으면 「내 안에 의심이 없다」라고 알아차린다. 그리고 아직 일어나지 않은 의심이 어떻게 일어나는지 알아차리고 이미 일어난 의심을 어떻게 소멸시키는지 알아차리며, 또 이미 소멸된 의심이 이후로 어떻게 하면 일어나지 않는지를 알아차린다.

이와 같이 혹은 안으로 법에서 법을

관찰하면서 지내고, 혹은 밖으로 법

에서 법을 관찰하면서 지내며, 혹은

때로는 안으로 때로는 밖으로 법에서

법을 관찰하면서 지낸다. 혹은 법에

서 일어나는 현상을 관찰하면서 지내

고, 혹은 법에서 사라지는 현상을 관

찰하면서 지내며, 혹은 법에서 때로

는 일어나는 현상을 때로는 사라지는

현상을 관찰하면서 지낸다. 그리하

여 마음챙김과 지혜가 현전함에 따라

「이것이 법이다」라는 마음챙김이 분명

하게 확립된다. 따라서 그는 어떠한

세간적인 것에 대해서도 집착하지 않

으며 초연하게 지낸다.

비구들이여, 이와 같이 비구는 다섯

가지 장애라는 법에서 법을 관찰하면

서 지낸다.

— 다섯 가지 집착의 무더기에 대한 관찰 —

또한 비구들이여, 여기에 어떤 비구가

다섯 가지 집착의 무더기라는 법에서

법을 관찰하면서 지낸다. 그러면 어떻

게 비구가 다섯 가지 집착의 무더기

라는 법에서 법을 관찰하면서 지내는

가? 비구들이여, ① 「이것은 물질이

다」, 「이것은 물질의 일어남이다」,

「이것은 물질의 사라짐이다」

② 「이것은 느낌이다」, 「이것은 느낌

의 일어남이다」, 「이것은 느낌의 사라

짐이다」

③ 「이것은 지각이다」, 「이것은 지각

의 일어남이다」, 「이것은 지각의 사라

짐이다」

④ 「이것은 심리현상이다」, 「이것은

심리현상의 일어남이다」, 「이것은 심

리현상의 사라짐이다」

⑤ 「이것은 의식이다」, 「이것은 의식

의 일어남이다」, 「이것은 의식의 사라

짐이다」라고 알아차린다.

이와 같이 혹은 안으로 법에서 법을

관찰하면서 지내고, 혹은 밖으로 법

에서 법을 관찰하면서 지내며, 혹은

때로는 안으로 때로는 밖으로 법에서

법을 관찰하면서 지낸다. 혹은 법에

서 일어나는 현상을 관찰하면서 지내

고, 혹은 법에서 사라지는 현상을 관

찰하면서 지내며, 혹은 법에서 때로

는 일어나는 현상을 때로는 사라지는

현상을 관찰하면서 지낸다. 그리하여

마음챙김과 지혜가 현전함에 따라

「이것이 법이다」라는 마음챙김이 분명

하게 확립된다. 따라서 그는 어떠한

세간적인 것에 대해서도 집착하지 않

으며 초연하게 지낸다.

비구들이여, 이와 같이 비구는 다섯

가지 집착의 무더기라는 법에서 법을 관찰하면서 지낸다.

— 여섯 가지 안팎의 감각 기반에 대한 관찰 —

또한 비구들이여, 여기에 어떤 비구가 여섯 가지 안팎의 감각 기반이라는 법에서 법을 관찰하면서 지낸다. 그

러면 어떻게 여섯 가지 안팎의 감각

기반이라는 법에서 법을 관찰하면서

지내는가?

여기 어떤 비구가 ① 눈을 알아차리

고, 형상을 알아차리며, 이 두 가지

에 의존해서 일어나는 속박을 알아

차린다. 그는 또한 일어나지 않은 속

박이 어떻게 일어나는지를 알아차리

고, 일어난 속박이 어떻게 끊어지게

되는지를 알아차리며, 끊어진 속박이

어떻게 미래에도 일어나지 않게 되는

지를 알아차린다.

② 귀를 알아차리고, 소리를 알아차

리며, 이 두 가지에 의존해서 일어나

는 속박을 알아차린다. 그는 또한 일

어나지 않은 속박이 어떻게 일어나는

지를 알아차리고, 일어난 속박이 어떻게 끊어지게 되는지를 알아차리며, 끊어진 속박이 어떻게 미래에도 일어나지 않게 되는지를 알아차린다.

③ 코를 알아차리고, 냄새를 알아차리며, 이 두 가지에 의존해서 일어나는 속박을 알아차린다. 그는 또한 일어나지 않은 속박이 어떻게 일어나는

지를 알아차리고, 일어난 속박이 어

떻게 끊어지게 되는지를 알아차리며,

끊어진 속박이 어떻게 미래에도 일어

나지 않게 되는지를 알아차린다.

④ 혀를 알아차리고, 맛을 알아차리

며, 이 두 가지에 의존해서 일어나는

속박을 알아차린다. 그는 또한 일어

나지 않은 속박이 어떻게 일어나는지

를 알아차리고, 일어난 속박이 어떻게 끊어지게 되는지를 알아차리며, 끊어진 속박이 어떻게 미래에도 일어나지 않게 되는지를 알아차린다.

⑤ 몸을 알아차리고, 접촉을 알아차리며, 이 두 가지에 의존해서 일어나는 속박을 알아차린다. 그는 또한 일어나지 않은 속박이 어떻게 일어나는

지를 알아차리고, 일어난 속박이 어

떻게 끊어지게 되는지를 알아차리며,

끊어진 속박이 어떻게 미래에도 일어

나지 않게 되는지를 알아차린다.

⑥ 마음을 알아차리고, 현상을 알아

차리며, 이 두 가지에 의존해서 일어

나는 속박을 알아차린다. 그는 또한

일어나지 않은 속박이 어떻게 일어나

는지를 알아차리고, 일어난 속박이

어떻게 끊어지게 되는지를 알아차리

며, 끊어진 속박이 어떻게 미래에도

일어나지 않게 되는지를 알아차린다.

이와 같이 혹은 안으로 법에서 법을

관찰하면서 지내고, 혹은 밖으로 법

에서 법을 관찰하면서 지내며, 혹은

때로는 안으로 때로는 밖으로 법에서

법을 관찰하면서 지낸다. 혹은 법에

서 일어나는 현상을 관찰하면서 지내

고, 혹은 법에서 사라지는 현상을 관

찰하면서 지내며, 혹은 법에서 때로

는 일어나는 현상을 때로는 사라지는

현상을 관찰하면서 지낸다. 그리하여

마음챙김과 지혜가 현전함에 따라

「이것이 법이다」라는 마음챙김이 분명

하게 확립된다. 따라서 그는 어떠한

세간적인 것에 대해서도 집착하지 않

으며 초연하게 지낸다.

비구들이여, 이와 같이 비구는 여섯

가지 안팎의 감각 기반이라는 법에서

법을 관찰하면서 지낸다.

― 일곱 가지 깨달음의 요소에 대한 관찰 ―

또한 비구들이여, 여기에 어떤 비구가

일곱 가지 깨달음의 요소라는 법에서

법을 관찰하면서 지낸다. 그러면 어

떻게 일곱 가지 깨달음의 요소라는

법에서 법을 관찰하면서 지내는가?

여기 어떤 비구가 ① 안으로 마음챙

김이라는 깨달음의 요소가 있을 때

「내 안에 마음챙김이라는 깨달음의 요소가 있다」라고 알아차리고, 혹 안으로 마음챙김이라는 깨달음의 요소가 없을 때 「내 안에 마음챙김이라는 깨달음의 요소가 없다」라고 알아차린다. 그리고 아직 일어나지 않은 마음챙김이라는 깨달음의 요소가 어떻게 일어나는지를 알아차리고, 이미 일어난 마음챙김이라는 깨달음의 요소가 어떻게 수행을 통해서 완성되는지를 알아차린다.

② 혹은 안으로 법에 대한 고찰이라는 깨달음의 요소가 있을 때 「내 안에 법에 대한 고찰이라는 깨달음의 요소가 있다」라고 알아차리고, 혹 안

으로 법에 대한 고찰이라는 깨달음의

요소가 없을 때 「내 안에 법에 대한

고찰이라는 깨달음의 요소가 없다」라

고 알아차린다. 그리고 아직 일어나

지 않은 법에 대한 고찰이라는 깨달

음의 요소가 어떻게 일어나는지를 알

아차리고, 이미 일어난 법에 대한 고

찰이라는 깨달음의 요소가 어떻게 수

행을 통해서 완성되는지를 알아차린다.

③ 혹은 안으로 정진이라는 깨달음의 요소가 있을 때 「내 안에 정진이라는 깨달음의 요소가 있다」라고 알아차리고, 혹 안으로 정진이라는 깨달음의 요소가 없을 때 「내 안에 정진이라는 깨달음의 요소가 없다」라고 알아차린다. 그리고 아직 일어나지 않은 정진

이라는 깨달음의 요소가 어떻게 일어

나는지를 알아차리고, 이미 일어난

정진이라는 깨달음의 요소가 어떻게

수행을 통해서 완성되는지를 알아차

린다.

④ 혹은 안으로 기쁨이라는 깨달음의

요소가 있을 때「내 안에 기쁨이라는

깨달음의 요소가 있다」라고 알아차리

고, 혹 안으로 기쁨이라는 깨달음의

요소가 없을 때 「내 안에 기쁨이라는

깨달음의 요소가 없다」라고 알아차린

다. 그리고 아직 일어나지 않은 기쁨

이라는 깨달음의 요소가 어떻게 일어

나는지를 알아차리고, 이미 일어난

기쁨이라는 깨달음의 요소가 어떻게

수행을 통해서 완성되는지를 알아차

린다.

⑤ 혹은 안으로 평온이라는 깨달음의 요소가 있을 때 「내 안에 평온이라는 깨달음의 요소가 있다」라고 알아차리고, 혹 안으로 평온이라는 깨달음의 요소가 없을 때 「내 안에 평온이라는 깨달음의 요소가 없다」라고 알아차린다. 그리고 아직 일어나지 않은 평온

이라는 깨달음의 요소가 어떻게 일어

나는지를 알아차리고, 이미 일어난

평온이라는 깨달음의 요소가 어떻게

수행을 통해서 완성되는지를 알아차

린다.

⑥ 혹은 안으로 집중이라는 깨달음의

요소가 있을 때 「내 안에 집중이라는

깨달음의 요소가 있다」라고 알아차

리고, 혹 안으로 집중이라는 깨달음

의 요소가 없을 때 「내 안에 집중이

라는 깨달음의 요소가 없다」라고 알

아차린다. 그리고 아직 일어나지 않

은 집중이라는 깨달음의 요소가 어떻

게 일어나는지를 알아차리고, 이미

일어난 집중이라는 깨달음의 요소가

어떻게 수행을 통해서 완성되는지를

알아차린다.

⑦ 혹은 안으로 평정이라는 깨달음의 요소가 있을 때 「내 안에 평정이라는 깨달음의 요소가 있다」라고 알아차리고, 혹 안으로 평정이라는 깨달음의 요소가 없을 때 「내 안에 평정이라는 깨달음의 요소가 없다」라고 알아차린다. 그리고 아직 일어나지 않은 평정

이라는 깨달음의 요소가 어떻게 일어

나는지를 알아차리고, 이미 일어난

평정이라는 깨달음의 요소가 어떻게

수행을 통해서 완성되는지를 알아차

린다.

이와 같이 혹은 안으로 법에서 법을

관찰하면서 지내고 혹은 밖으로 법에

서 법을 관찰하면서 지내며, 혹은 때

로는 안으로 때로는 밖으로 법에서

법을 관찰하면서 지낸다. 혹은 법에

서 일어나는 현상을 관찰하면서 지내

고, 혹은 법에서 사라지는 현상을 관

찰하면서 지내며, 혹은 법에서 때로

는 일어나는 현상을 때로는 사라지는

현상을 관찰하면서 지낸다. 그리하여

마음챙김과 지혜가 현전함에 따라

「이것이 법이다」라는 마음챙김이 분명

하게 확립된다. 따라서 그는 어떠한

세간적인 것에 대해서도 집착하지 않

으며 초연하게 지낸다.

비구들이여, 이와 같이 비구는 일곱

가지 깨달음의 요소라는 법에서 법을

관찰하면서 지낸다.

— 네 가지 성스러운 진리에 대한 관찰 —

또한 비구들이여, 여기에 어떤 비구가

네 가지 성스러운 진리라는 법에서

법을 관찰하면서 지낸다. 그러면 어

떻게 네 가지 성스러운 진리라는 법

에서 법을 관찰하면서 지내는가?

여기 어떤 비구가 「이것은 괴로움이

다」라고 있는 그대로 알아차리고, 「이 것은 괴로움의 원인이다」라고 있는 그대로 알아차리고, 「이것은 괴로움의 소멸이다」라고 있는 그대로 알아차리며, 「이것은 괴로움의 소멸에 이르는 길이다」라고 있는 그대로 알아차린다.

① 비구들이여, 괴로움의 성스러운 진리란 무엇인가?

태어남도 괴로움이고, 늙음도 괴로움이며, 병듦도 괴로움이고, 죽음도 괴로움이며, 슬픔, 비탄, 아픔, 우울, 고뇌도 괴로움이고, 싫은 것과 만나는 것도 괴로움이고, 좋은 것과 헤어지는 것도 괴로움이고, 원하는 것을 얻지 못함도 괴로움이다. 요컨대 다섯 가지 집착의 무더기들이 괴로움이다.

비구들이여, 태어남이란 무엇인가?

어떤 부류에 있든 모든 생명체들의

탄생, 생성, 출생, 오온의 형성, 감각

기관의 획득, 이것을 일러 태어남이라

고 한다.

비구들이여, 늙음이란 무엇인가?

어떤 부류에 있든 모든 생명체들의

늙어감, 노화, 이의 빠짐, 흰 머리카

락, 주름살, 수명의 단축, 감각기능의 약화, 이것을 일러 늙음이라 한다.

비구들이여, 죽음이란 무엇인가?

어떤 부류에 있든 모든 생명체들의 흩어짐, 사라짐, 파괴, 멸망, 소멸, 사망, 수명이 다함, 오온의 해체, 육신을 버림, 이것을 일러 죽음이라 한다.

비구들이여, 슬픔이란 무엇인가?

어떤 좋지 않은 일에 의해 고통스러운

상태, 슬픔, 한탄, 고민, 내적인 슬픔,

내적인 비애를 일러 슬픔이라 한다.

비구들이여, 비탄이란 무엇인가?

어떤 좋지 않은 일에 의해 고통스러운

상태를 겪고 울부짖거나, 비통해 하

거나, 슬픔으로 인해 큰 소리를 내거

나, 크게 비통해 하는 것을 일러 비탄

이라 한다.

비구들이여, 아픔이란 무엇인가?

육체적으로 고통스러운 느낌, 육체적

으로 불쾌한 느낌, 신체 접촉에서 생

기는 고통스럽거나 불쾌한 느낌을 일

러 아픔이라 한다.

비구들이여, 우울이란 무엇인가?

정신적으로 고통스러운 느낌, 정신적

으로 불쾌한 느낌, 정신적 접촉에서

생기는 고통스럽거나 불쾌한 느낌을

일러 우울이라 한다.

비구들이여, 고뇌란 무엇인가?

어떤 좋지 않은 일에 의한 고통스러운

상태, 고뇌, 큰 고뇌, 고뇌나 큰 고뇌

로 인해 고통을 겪는 것을 일러 고뇌

라 한다.

비구들이여, 싫은 것과의 만남이란

무엇인가?

원하지 않는 것, 싫어하는 것, 불쾌한

형상·소리·냄새·맛·감촉·현상에

접하거나, 해악을 끼치려는 자·불편

함을 주는 자·위협을 주는 자와 만

나 그들과 맺어지고, 교류하고, 연계

되고, 결합되는 것을 일러 싫은 것과

의 만남이라 한다.

비구들이여, 좋은 것과의 헤어짐이란

무엇인가?

원하는 것, 좋아하는 것, 유쾌한 형

상·소리·냄새·맛·감촉·현상에 접하

지 못하거나, 선의를 가진 자, 도움

을 주려는 자, 편안함을 주는 자, 안

전함을 주는 자, 어머니, 아버지, 형

제, 자매, 사촌, 친구, 동료, 친척 등

과 맺어지고, 연계되고, 결합되지 못

하는 것을 일러 좋은 것과의 헤어짐

이라 한다.

비구들이여, 원하는 것을 얻지 못함

이란 무엇인가?

태어나게 되어 있는 중생에게 이러한

갈망이 일어난다.

「오, 우리가 태어남으로부터 벗어날 수 있었으면, 태어나지 않을 수 있었으면」하고. 그러나 이것은 욕구만으로는 얻을 수 없다. 그래서 이를 일러 원하는 것을 얻지 못하는 괴로움이라 한다. 또한 늙고, 병들고, 죽고, 슬퍼하고, 비통해 하고, 아파하고, 우울해 하고, 고뇌할 수밖에 없는 중생이

「오, 우리가 늙음으로부터, 병으로부터, 죽음으로부터, 슬픔으로부터, 비통으로부터, 아픔으로부터, 우울함으로부터, 고뇌로부터 벗어날 수 있었으면」하고 원해도 이러한 바람은 욕구만으로는 이루어질 수 없는데 이것을 일러 원하는 것을 얻지 못함이라 한다.

비구들이여, 요컨대 왜 다섯 가지 집

착의 무더기들이 괴로움인가?

그것들은 물질에 집착하는 무더기들

이고, 느낌에 집착하는 무더기들이고,

지각에 집착하는 무더기들이고, 심리

현상에 집착하는 무더기들이고, 의식

에 집착하는 무더기들이기 때문이다.

이것들이 요컨대 괴로움에 집착하는

다섯 가지 무더기들이다.

비구들이여, 이를 일러 괴로움의 성스러운 진리라고 한다.

② 비구들이여, 괴로움의 원인의 성스러운 진리란 무엇인가?

그것은 쾌락과 욕정에 결부되어 여기저기로 만족을 찾아다니며 다음생으로 이끄는 갈애 즉, 감각적 욕망에

대한 갈애, 존재에 대한 갈애, 존재

하지 않는 것에 대한 갈애이다.

그런데 이 갈애는 어디에서 일어나고

어디에서 자리 잡는가?

이 세상 어디에서건 즐겁고 마음에

드는 것이 있으면 그곳에서 일어나고

그곳에서 자리 잡는다.

그러면 이 세상에서 무엇이 즐겁고

마음에 드는 것인가?

눈·귀·코·혀·몸·마음이 즐겁고 마

음에 드는 것이며, 여기에서 갈애가

일어나고 여기에서 자리 잡는다.

형상·소리·냄새·맛·촉감·법이 즐겁

고 마음에 드는 것이며, 여기에서 갈

애가 일어나고 여기에서 자리 잡는다.

안식·이식·비식·설식·신식·의식이

즐겁고 마음에 드는 것이며, 여기에

서 갈애가 일어나고 여기에서 자리

잡는다.

눈과의 접촉·귀·코·혀·몸·마음과의

접촉이 즐겁고 마음에 드는 것이며,

여기에서 갈애가 일어나고 여기에서

자리 잡는다. 눈과의 접촉에서 생긴

느낌·귀·코·혀·몸·마음과의 접촉에

서 생긴 느낌이 즐겁고 마음에 드는 것이며, 여기에서 갈애가 일어나고 여기에서 자리 잡는다.

형상에 대한 지각·소리·냄새·맛·촉감·법에 대한 지각이 즐겁고 마음에 드는 것이며, 여기에서 갈애가 일어나고 여기에서 자리 잡는다.

형상과 관련된 의도·소리·냄새·맛·

촉감·법과 관련된 의도가 즐겁고 마

음에 드는 것이며, 여기에서 갈애가

일어나고 여기에서 자리 잡는다.

형상에 대한 갈애·소리·냄새·맛·촉

감·법에 대한 갈애가 즐겁고 마음에

드는 것이며, 여기에서 갈애가 일어나

고 여기에서 자리 잡는다.

형상에 대해 일으킨 생각·소리·냄새

·맛·촉감·법에 대해 일으킨 생각이

즐겁고 마음에 드는 것이며, 여기에서

갈애가 일어나고 여기에서 자리 잡

는다.

형상에 대한 지속적 고찰·소리·냄새

·맛·촉감·법에 대한 지속적 고찰이

즐겁고 마음에 드는 것이며, 여기에

서 갈애가 일어나고 여기에서 자리

잡는다. 비구들이여, 이를 일러 괴로

움의 원인의 성스러운 진리라고 한다.

③ 비구들이여, 괴로움의 소멸의 성스

러운 진리란 무엇인가?

그것은 갈애의 완전한 사라짐, 소멸,

버림, 포기, 갈애로부터의 자유, 갈애

로부터의 분리이다. 그러면 이 갈애는

어디에서 버려지며 어디에서 갈애의

소멸이 일어나는가?

이 세상 어디에서건 즐겁고 마음에 드는 것이 있으면 그곳에서 갈애의 소멸이 일어난다. 그러면 이 세상에서 무엇이 즐겁고 마음에 드는 것인가?

눈·귀·코·혀·몸·마음이 즐겁고 마음에 드는 것이며, 여기에서 갈애가 버려지고 여기에서 소멸된다.

형상·소리·냄새·맛·촉감·법이 즐겁

고 마음에 드는 것이며, 여기에서 갈

애가 버려지고 여기에서 소멸된다.

안식·이식·비식·설식·신식·의식이

즐겁고 마음에 드는 것이며, 여기에서

갈애가 버려지고 여기에서 소멸된다.

눈과의 접촉·귀·코·혀·몸·마음과의

접촉이 즐겁고 마음에 드는 것이며,

여기에서 갈애가 버려지고 여기에서

소멸된다.

눈과의 접촉에서 생긴 느낌·귀·코·

혀·몸·마음과의 접촉에서 생긴 느낌

이 즐겁고 마음에 드는 것이며, 여기

에서 갈애가 버려지고 여기에서 소멸

된다.

형상에 대한 지각·소리·냄새·맛·촉

감·법에 대한 지각이 즐겁고 마음에

드는 것이며, 여기에서 갈애가 버려지

고 여기에서 소멸된다.

형상과 관련된 의도·소리·냄새·맛·

촉감·법과 관련된 의도가 즐겁고 마

음에 드는 것이며, 여기에서 갈애가

버려지고 여기에서 소멸된다.

형상에 대한 갈애·소리·냄새·맛·촉

감·법에 대한 갈애가 즐겁고 마음에

드는 것이며, 여기에서 갈애가 버려지

고 여기에서 소멸된다.

형상에 대해 일으킨 생각·소리·냄새

·맛·촉감·법에 대해 일으킨 생각이

즐겁고 마음에 드는 것이며, 여기에서

갈애가 버려지고 여기에서 소멸된다.

형상에 대한 지속적 고찰·소리·냄새

·맛·촉감·법에 대한 지속적 고찰이

즐겁고 마음에 드는 것이며, 여기에

서 갈애가 버려지고 여기에서 소멸된

다. 비구들이여, 이를 일러 괴로움의

소멸의 성스러운 진리라고 한다.

④ 비구들이여, 괴로움의 소멸에 이르

는 성스러운 길의 진리란 무엇인가?

그것은 바른 견해, 바른 생각, 바른

말, 바른 행위, 바른 생활수단, 바른

노력, 바른 마음챙김, 바른 선정이라

고 하는 성스러운 여덟 가지 길이다.

비구들이여, 바른 견해란 무엇인가?

그것은 괴로움의 진리에 대한 앎이고,

괴로움의 원인의 진리에 대한 앎이고,

괴로움의 소멸의 진리에 대한 앎이며,

괴로움의 소멸에 이르는 길의 진리에

대한 앎이다. 이를 일러 바른 견해라

한다.

비구들이여, 바른 생각이란 무엇인가?

그것은 욕심 없는 생각, 악의 없는 생

각, 해침 없는 생각이다. 이를 일러

바른 생각이라 한다.

비구들이여, 바른 말이란 무엇인가?

그것은 거짓말, 비방하는 말, 거친 말,

쓸데없는 말을 하지 않는 것이다. 이

를 일러 바른 말이라 한다.

비구들이여, 바른 행위란 무엇인가?

그것은 살생, 도둑질, 사음하지 않는

것이다. 이를 일러 바른 행위라 한다.

비구들이여, 바른 생활수단이란 무엇

인가?

비구들이여, 성스러운 제자들은 잘못

된 생활수단을 버리고 올바른 생활수

단으로써 삶을 영위한다.

비구들이여, 바른 노력이란 무엇인가?

비구는 아직 일어나지 않은 좋지 않고

불건전한 정신 상태가 일어나지 않도

록 의지를 일으키고, 노력하고, 힘을

쏟고, 마음을 기울이고, 전력을 다

한다. 또한 이미 일어난 좋지 않고 불

건전한 정신 상태를 제거하기 위해 의

지를 일으키고, 노력하고, 힘을 쏟고,

마음을 기울이고, 전력을 다한다.

또한 아직 일어나지 않은 건전한 정

신 상태를 일으키기 위해 의지를 일

으키고, 노력하고, 힘을 쏟고, 마음

을 기울이고, 전력을 다한다. 또한

이미 일어난 건전한 정신 상태를 유

지하고 발전시켜 완벽하게 개발하기

위해 의지를 일으키고, 노력하고, 힘

을 쏟고, 마음을 기울이고, 전력을

다한다.

이를 일러 바른 노력이라 한다.

비구들이여, 바른 마음챙김이란 무엇

인가?

비구는 세간에 대한 욕망과 싫어하는

마음을 제어하면서 몸에서는 몸을 열

심히 명료하게 알아차리고, 마음챙김

하면서 관찰한다. 또한 느낌에서는

느낌을 열심히 명료하게 알아차리고,

마음챙김하면서 관찰한다. 마음에서

는 마음을 열심히 명료하게 알아차리

고, 마음챙김하면서 관찰한다. 법에

서는 법을 열심히 명료하게 알아차리

고, 마음챙김하면서 관찰한다. 이를

일러 바른 마음챙김이라 한다.

비구들이여, 바른 선정이란 무엇인가?

비구는 감각적 욕망을 버리고 불건전

한 정신 상태로부터 벗어난 후 무집

착에서 생기는 일으킨 생각, 지속적

고찰, 기쁨, 행복감으로 이루어진 초

선정에 들어가 머무른다. 또 다시 일

으킨 생각과 지속적 고찰을 가라앉힌

후 내면의 평온과 하나 된 마음을 얻

음으로써 일으킨 생각과 지속적 고찰

을 벗어나 집중에서 생긴 기쁨과 행

복감으로 가득한 이선정에 들어가 머

무른다. 그런 다음 기쁨을 가라앉히

고, 침착을 유지하면서, 마음챙김하

고, 명료하게 알아차리면서, 성인들

이 「평정과 마음챙김에 안주하는 자

는 행복하다」라고 말씀하신 그 행복

감을 경험하며 삼선정에 들어간다.

그리고는 다시 즐거움과 괴로움, 기쁨

과 슬픔을 다 초월하여, 즐거움과 괴

로움이 없고 평정과 마음챙김에 의해

정화된 사선정에 들어가고 머무른다.

이를 일러 바른 선정이라 한다.

비구들이여, 이를 일러 괴로움의 소멸

에 이르는 성스러운 길의 진리라고 한

다. 이와 같이 혹은 안으로 법에서

법을 관찰하면서 지내고, 혹은 밖으

로 법에서 법을 관찰하면서 지내며,

혹은 때로는 안으로 때로는 밖으로

법에서 법을 관찰하면서 지낸다. 혹

은 법에서 일어나는 현상을 관찰하면

서 지내고, 혹은 법에서 사라지는 현

상을 관찰하면서 지내며, 혹은 법에

서 때로는 일어나는 현상을 때로는

사라지는 현상을 관찰하면서 지낸다.

그리하여 마음챙김과 지혜가 현전함

에 따라 「이것이 법이다」라는 마음챙

김이 분명하게 확립된다. 따라서 그

는 어떠한 세간적인 것에 대해서도 집

착하지 않으며 초연하게 지낸다.

비구들이여, 이와 같이 비구는 네 가지 성스러운 진리라는 법에서 법을 관찰하면서 지낸다.

네 가지 관찰의 이익

비구들이여, 누구든지 이 네 가지 관찰 수행을 이와 같이 7년간 닦는다면, 그에게는 두 가지의 결실 가운데 어느 하나의 결실이 기대될 것이다.

즉, 지금 이생에서 아라한의 지혜를

이루거나, 만약 집착이 남아 있다면

아나함의 경지가 기약될 것이다.

비구들이여, 7년은 제쳐두고라도 누

구든지 이 네 가지 관찰 수행을 이와

같이 6년간, …5년간, …4년간, …3년

간, …2년간, …1년간 닦는다면, 그에

게는 두 가지의 결실 가운데 어느

하나의 결실이 기대될 것이다. 즉, 지

금 이생에서 아라한의 지혜를 이루

거나, 만약 집착이 남아 있다면 아나

함의 경지가 기약될 것이다.

비구들이여, 1년간은 제쳐두고라도

누구든지 이 네 가지 관찰수행을 이

와 같이 7개월간 닦는다면, 그에게는

두 가지의 결실 가운데 어느 하나의

결실이 기대될 것이다. 즉, 지금 이생

에서 아라한의 지혜를 이루거나, 만약

집착이 남아 있다면 아나함의 경지가

기약될 것이다.

비구들이여, 7개월은 제쳐두고라도

누구든지 이 네 가지 관찰수행을 이

와 같이 6개월간, …5개월간, …4개

월간, …3개월간, …2개월간, …1개

월간, …보름간 닦는다면, 그에게는

두 가지의 결실 가운데 어느 하나의

결실이 기대될 것이다. 즉, 지금 이생

에서 아라한의 지혜를 이루거나, 만

약 집착이 남아 있다면 아나함의 경

지가 기약될 것이다.

비구들이여, 보름은 제쳐두고라도 누

구든지 이 네 가지 관찰수행을 이와

같이 7일간 닦는다면, 그에게는 두

가지의 결실 가운데 어느 하나의 결

실이 기대될 것이다. 즉, 지금 이생

에서 아라한의 지혜를 이루거나, 만

약 집착이 남아 있다면 아나함의 경

지가 기약될 것이다.

『비구들이여, 이것은 모든 중생들의

청정을 위한, 슬픔과 비탄을 극복하

기 위한, 괴로움과 싫어하는 마음을

없애기 위한, 올바른 길에 이르기 위한, 열반을 깨닫기 위한 〈유일한 길〉이다.

바로 그것은 네 가지의 마음챙김이다』라고 앞에서 말한 것은 바로 이런 연유로 설한 것이다.

부처님께서 이를 설하시자 비구들은 기뻐하며 부처님의 설법에 환희에

찼다.

대념처경 끝

원이차공덕
願以此功德

보급어일체
普及於一切

아등여중생
我等與衆生

당생극락국
當生極樂國

동견무량수
同見無量壽

개공성불도
皆共成佛道

한글 사경본

회향게
回向偈

이 공덕으로 모든 번뇌가 사라지기를.

이 공덕으로 열반을 증득하기를.

이 공덕을 _____에게 회향합니다.

_____도 나와 같은 공덕을 얻기를.

싸~두 싸~두 싸~두

한글 사경본
대념처경 大念處經

발 행 일   2022년 8월 30일

옮 긴 이   정관 스님
발 행 인   정지현
편 집 인   박주혜
펴 낸 곳   (주)조계종출판사

※ 저작권법에 의하여 보호를 받는 저작물이므로 무단으로 복사, 전재하거나 변형하여 사용할 수 없습니다.